W0322141

ENTDECKE DIE FANTASTISCHE WELT DER DINOSAURIER

Das Dinosaurier Buch für junge Forscher und Entdecker

Spannende Informationen, atemberaubende Bilder und amüsante Fakten

Michael Algar & World Explorer

ORIGINALVERSION

ISBN: 978-3-98929-036-5

RECHTLICHER HINWEIS:

BOOK SHELTER GMBH
AUFHÄUSERSTRASSE 64
30457 HANNOVER
DEUTSCHLAND

ENTDECKE DIE FANTASTISCHE WELT DER DINOSAURIER

Inhalt

Vorwort

Vor Millionen von Jahren haben sich die mächtigsten, furchterregendsten und gleichzeitig faszinierendsten Wesen entwickelt, die je unseren Planeten bewohnt haben – die Dinosaurier. Ihre Ära erstreckte sich über viele Millionen von Jahren, und sie beherrschten jeden Winkel der Erde, von den dichtesten Dschungeln, den tiefsten Ozeanen bis zu den höchsten Gipfeln. Sie sind das perfekte Bindeglied zwischen der prähistorischen Welt und der heutigen Zeit, eine Verbindung, die uns ermöglicht, die Entwicklung des Lebens auf der Erde besser zu verstehen.

In diesem Buch begeben wir uns auf eine ganz besondere Reise in die vergangene Welt der Dinosaurier. Wir erkunden ihre Geschichte, die durch den unermüdlichen Einsatz von Paläontologen und Wissenschaftlern aus der ganzen Welt stetig konkreter wird. Dabei tauchen wir tief in die Geheimnisse ein, die in den versteinerten Überresten dieser gigantischen Wesen verborgen liegen. In den Kapiteln wirst du immer wieder auf Seiten mit einem grünen Rahmen stoßen. Diese Rahmen zeigen auf, dass es sich um Informationsboxen handelt, die weiterführende Informationen enthalten.

Kapitel 1 bietet einen Einstieg in die faszinierende Welt der Dinosaurier, wobei wir definieren, was Dinosaurier ausmacht und wie sie sich voneinander unterscheiden.

Im **zweiten Kapitel** werfen wir einen Blick auf die Ära der Dinosaurier. Damals sah die Erde noch ganz anders aus, denn die Kontinente hatten eine andere Form und darüber hinaus herrschte ein anderes Klima. Anschließend betrachten wir die verschiedenen Zeitalter des Mesozoikums – auf die Trias-, Kreide- und Jurazeit, in der die Dinosaurier die Erde beherrschten – und versuchen zu verdeutlichen, wie die Welt damals aussah.

Dann, im **dritten Kapitel**, nehmen wir die verschiedenen Dinosaurierarten unter die Lupe und erklären, was Theropoden, Sauropoden, Ornithopoden, Thyreophora und Ceratopsia voneinander unterscheidet. Darüber hinaus gehen wir auch auf die jeweiligen Besonderheiten und Lebensweisen der unterschiedlichen Dinosaurierarten ein.

Kapitel 4 widmet sich der Anatomie und Physiologie der Dinosaurier, indem es die verschiedenen Aspekte ihrer Physiologie, von ihrer Skelettstruktur bis hin zu ihrem Fortpflanzungs- und Nestbauverhalten, beleuchtet.

In **Kapitel 5** betrachten wir die spannenden Funde und Entdeckungen aus der Welt der Paläontologie, zeigen berühmte Fossilien-Fundorte und stellen kurz Methoden zur Datierung von Fossilien auf.

Im **sechsten Kapitel** beschäftigen wir uns mit dem Meteoriteneinschlag, der höchstwahrscheinlich der Grund für das Aussterben der Dinosaurier war.

Als nächstes beschäftigen wir uns in **Kapitel 7** schauen wir uns die beeindruckenden Gemeinsamkeiten zwischen den heutigen Tieren und den Dinosauriern an.

Im letzten, dem **achten Kapitel** dieses Buches stellen wir 30 der eindrucksvollsten Dinosaurier bildlich in ihrem typischen Lebensraum vor – wie den T-Rex, den Triceratops, den Diplodocus und viele weitere. Zu jedem Dinosaurier haben wir einen Steckbrief erstellt und die wichtigsten Fakten in Stichpunkten zusammengefasst. Außerdem wird jeweils ein Größenvergleich zwischen Dinosaurier, Mensch und einem Tier der heutigen Zeit angestellt, um die Ausmaße der Urzeitbewohner zu visualisieren.

Wir wünschen viel Spaß bei der Lektüre und beim Erkunden und Bestaunen der einzigartigen Welt der Dinosaurier!

Die Einführung in die Welt der Dinosaurier

Die Erde war einst die Heimat von Kreaturen, die so gewaltig und beeindruckend waren, dass sie fast unsere Vorstellungskraft übersteigen. Diese Wesen, die Dinosaurier, beherrschten unseren Planeten für einen erheblichen Teil der erdgeschichtlichen Zeitskala – nämlich für Millionen von Jahren. Im Vergleich: Der moderne Mensch (Homo sapiens) tauchte vor etwa 300.000 bis 200.000 Jahren auf, basierend auf fossilen Funden und genetischen Daten. In diesem Kapitel werden wir uns auf eine faszinierende Reise in die prähistorische Welt der Dinosaurier begeben. Zunächst schauen wir uns die Definition und Klassifikation an, bevor wir einen Blick auf die historische Entwicklung der Dinosaurierforschung werfen.

Definition und Klassifikation von Dinosauriern

Dinosaurier ist der wissenschaftliche Begriff, um eine unglaublich vielfältige Gruppe von Reptilien zu beschreiben, die vor vielen Millionen von Jahren in der mesozoischen Ära die Erde bevölkerten. Aber nicht alle prähistorischen Reptilien sind Dinosaurier. Um als Dinosaurier klassifiziert zu werden, muss ein Tier bestimmte anatomische Merkmale aufweisen. Eines der wichtigsten dieser Merkmale ist die aufrechte Haltung. Im Gegensatz zu anderen Reptilien, deren Gliedmaßen seitlich abgespreizt sind, haben Dinosaurier eine aufrechte Haltung mit den Gliedmaßen direkt unter dem Körper.

Diese anatomische Anpassung erlaubte es ihnen, sich effizienter zu bewegen und größere Körpergrößen zu erreichen.

Dinosaurier werden in zwei Hauptgruppen unterteilt: die Saurischia, die die sogenannten „Echsenbeckendinosaurier" umfassen, und die Ornithischia, die die sämtliche „Vogelbeckendinosaurier" einschließen. Diese Kategorisierung basiert auf der Struktur ihres Beckens:

Saurischia: In dieser Gruppe finden wir die Theropoden (was einen Theropoden ausmacht, behandeln wir in Kapitel 4 auf Seite 24), die hauptsächlich Fleischfresser waren. Bekannte Vertreter der Theropoden sind der Tyrannosaurus, der Allosaurus und der Velociraptor. Auch die Sauropoden zählen zur Gruppe der Saurischia. Letzere waren riesige, pflanzenfressende Tiere mit langen Hälsen und Schwänzen – wie beispielsweise der Brachiosaurus und der Diplodocus. (Mehr zu Sauropoden findest du auf Seite 25.)

Ornithischia: Diese Gruppe umfasst Dinosaurier, die sich durch ein vogelähnliches Becken charakterisieren und in der Regel Pflanzenfresser waren. Berühmte Vertreter sind der Triceratops und der Stegosaurus.

Ornithischia - Beispiel Triceraptos

Saurischia - Beispiel T-REX

Aus derselben Ära wie die Dinosaurier

Die im Ozean lebenden Urzeittiere, die oft fälschlicherweise als Dinosaurier bezeichnet werden, sind eigentlich keine echten Dinosaurier. Sie gehören zu verschiedenen Gruppen von Meeresreptilien. Dennoch sollen einige Gruppen hier kurz vorgestellt werden, auch, da sie in Kapitel 8 gezeigt werden:

Plesiosaurier

Sind bekannt für ihre langen Hälse und kleinen Köpfe. Ein Vertreter dieser Gruppe ist der Elasmosaurus, der in Kapitel 8 gezeigt wird.

Sauropterygia

Diese sind eine Überordnung von ausgestorbenen marinen Reptilien, zu der auch der Nothosaurus gehört.

Sclerorhynchidae

Diese Gruppe ist etwas weniger bekannt als die anderen. Sie sind eine Familie von ausgestorbenen Knorpelfischen, die eher mit modernen Rochen und Haien verwandt sind als mit Dinosauriern oder Meeresreptilien. Sie lebten in der Kreidezeit und sind bekannt für ihre sägeartigen Schnauzen, die mit Zähnen besetzt sind. Ein bekannter Vertreter ist der Onchopristis.

Diese Kreaturen lebten zwar zur Zeit der Dinosaurier, sind jedoch nicht direkt mit den Dinosauriern verwandt, sondern haben andere evolutionäre Linien.

Historischer Überblick über die Erforschung der Dinosaurier

Die Erforschung der Dinosaurier hat ihre Anfänge in der ersten Hälfte des 19. Jahrhunderts. Geologen und Naturforschern wurde zu diesem Zeitpunkt die Bedeutung der fossilen Überreste bewusst. Die wissenschaftliche Disziplin, die sich darauf spezialisiert hat, die Lebewesen vergangener Erdzeitalter zu analysieren, wird Paläontologie genannt.

Bereits im 19. Jahrhundert prägte Sir Richard Owen den Begriff „Dinosaurier", was „schreckliche Echse" bedeutet. Gleichzeitig trugen Fossiliensammler wie Mary Anning mit ihren spektakulären Funden an der englischen Küste dazu bei, das öffentliche Interesse an diesen prähistorischen Tieren zu wecken. Das goldene Zeitalter der Dinosaurierforschung begann schließlich im späten 19. und frühen 20. Jahrhundert. Damals erlebte die Dinosaurierpaläontologie eine regelrechte Blütezeit mit vielen neuen Entdeckungen, vor allem in Nordamerika, wo sogenannte „Knochenkriege" zwischen rivalisierenden Paläontologen wie Othniel Charles Marsh und Edward Drinker Cope stattfanden.

In den letzten Jahrzehnten hat die Technologie der modernen Forschungen den Wissenschaftlern ermöglicht, Dinosaurierfossilien detaillierter zu untersuchen und aufbauend auf den neu gewonnenen Erkenntnissen ihre Lebensweisen zu rekonstruieren. Heute nutzen Forscher Techniken wie die Computertomographie und die Analyse von Isotopen, um neues Wissen über diese faszinierenden Kreaturen zu gewinnen.

Nun, da wir den Grundstein für das tiefe Eintauchen in die Welt der Dinosaurier gelegt haben, werden wir im nächsten Kapitel die Ära erkunden, in der die Dinosaurier lebten. So erhalten wir einen interessanten, lehrreichen und faszinierenden Einblick in die prähistorische Welt.

Die Ära der Dinosaurier

In diesem Kapitel werfen wir einen Blick auf die mesozoische Ära, die erdgeschichtlichen Epochen, in der die Dinosaurier lebten. Die mesozoische Ära wird oft als das „Zeitalter der Dinosaurier“ bezeichnet und war eine Zeit dramatischer geologischer und klimatischer Veränderungen, die den Weg für die Herrschaft der Dinosaurier ebnete.

Die mesozoische Ära: Ein Überblick

Die mesozoische Ära erstreckte sich über einen immensen Zeitraum von etwa 180 Millionen Jahren, von vor rund 252 bis 66 Millionen Jahren. Diese Ära ist in drei Perioden unterteilt:

Triaszeit (vor ca. 252-201 Millionen Jahre)

In der Triaszeit, die vor etwa 252 Millionen Jahren begann und vor ca. 201 Millionen Jahren endete, entwickelten sich die ersten Dinosaurier. Es war eine Zeit des Umbruchs, mit massiven Vulkaneruptionen und dem Zerfall des Superkontinents Pangäa. Ein bekannter Vertreter der Dinosaurier, die damals lebten, ist der Coelophysis, der weiter hinten im Buch ausführlich vorgestellt wird.

Der Superkontinent Pangäa

Pangäa war ein Superkontinent, der während des späten Paläozoikums und des frühen Mesozoikums – sprich in der mesozoischen Ära –, vor etwa 335 bis 175 Millionen Jahren, existierte. Dieser riesige Landmassenverbund vereinte fast alle heutigen Kontinente in einer zusammenhängenden Landmasse.

Entstehung

Pangäa formte sich in der Perm-Periode durch den Zusammenschluss mehrerer früherer Kontinente, hervorgerufen durch die Bewegungen der tektonischen Platten.

Klima

Die Zentralregionen von Pangäa erlebten extremes Klima mit hohen Temperaturen und geringen Niederschlägen, während die Küstenbereiche deutlich feuchter und gemäßigter waren.

Zerfall

Im Verlauf der Triaszeit begann Pangäa auseinanderzubrechen, ein Prozess, der die Bildung des Atlantischen Ozeans zur Folge hatte und die Kontinente in ihre heutige Position verschob.

Bedeutung für die Dinosaurier-Ära

Der Zerfall von Pangäa hatte erheblichen Einfluss auf die Evolution und die Ausbreitung der Dinosaurier. Neue Lebensräume und ökologische Nischen entstanden, die die Diversifizierung der Arten förderten und immer neue Dinosaurier hervorbrachten.

Pangäa

Heute

Jurazeit (vor ca. 201-145 Millionen Jahre)

Die Jurazeit ist die der Dominanz der Dinosaurier. Die großen Echsen erlebten eine Periode der Diversifizierung. Riesige Dinosaurier wie der Brachiosaurus und der Stegosaurus wanderten durch üppige, grüne Landschaften. Und auch der Diplodocus entwickelte sich in der Jurazeit. Alle drei Dinosaurier werden weiter in Kapitel 8 ausführlich vorgestellt. (Seiten: 62, 100 und 74.)

Doch auch in der Luft und im Meer tat sich etwas. Neben der Entwicklung der landbewohnenden Dinosaurier, schritt die Entwicklung von Flugsauriern und der ersten Vögel voran. Außerdem entwickelte sich eine vielfältige Meeresfauna; darunter unter anderem der Plesiosaurier.

Kreidezeit (vor ca. 145-66 Millionen Jahren)

Die Kreidezeit läutete das Ende einer Ära ein. Obwohl es eine Zeit der Blüte für viele Dinosaurier – wie den Tyrannosaurus-Rex, den Triceratops und den Ankylosaurus – war, markierte sie gleichzeitig ihr Ende. Ein Massenaussterben, wahrscheinlich verursacht durch einen Asteroideneinschlag und vulkanische Aktivitäten, führte schließlich zum Aussterben der Dinosaurier. Allerdings entwickelten sich während dieser Periode auch moderne Vogelarten aus ihren dinosaurierähnlichen Vorfahren.

Die Welt der Dinosaurier: Lebensräume und Ökosysteme

In der mesozoischen Ära sah die Erde ganz anders aus als heute. Die Kontinente drifteten auseinander und kamen wieder zusammen, sodass sich neue Lebensräume bildeten. Durch den kontinentalen Drift bzw. durch die Bewegung der tektonischen Platten veränderten sich die Lebensräumen der Dinosaurier dramatisch. Wie bereits in der Infobox erwähnt, beeinflusste dies ihre Evolution und Ausbreitung enorm.

Das Klima in der Ära der Dinosaurier

Das Klima der mesozoischen Ära war im Allgemeinen wärmer und feuchter als das heutige Klima, obwohl es im Laufe der Ära Schwankungen gab. Das Klima in der frühen Triaszeit war geprägt von hohen Temperaturen und saisonalen Monsunregen. Im Übergang zur späten Triaszeit und in der Jurazeit begann sich das Klima zu stabilisieren. Es wurde allgemein wärmer und feuchter, wobei eine größere Vielfalt an Pflanzenarten entstand, die wiederum eine vielfältige Tierwelt förderten. Die Temperaturen waren relativ stabil, was zur Entstehung weitläufiger tropischer bis subtropischer Zonen führte. In dieser Phase gab es flache Meere, die warm und reich an Nährstoffen waren. Die Kreidezeit charakterisiert sich durch eine weitere Wärmephase, teilweise aufgrund erhöhter vulkanischer Aktivität, die zur Freisetzung großer Mengen von CO_2 führte. Die Erde erlebte einen natürlichen Treibhauseffekt mit hohen Temperaturen und einem Anstieg des Meeresspiegels.

Die Flora zur Zeit der Dinosaurier

Auch die Pflanzenwelt durchlief eine Transformation. In der Kreidezeit traten die ersten Blütenpflanzen auf, die eine wichtige Nahrungsquelle für viele Dinosaurier boten und – wie bereits weiter oben erwähnt – die Entwicklung der Urzeitriesen und anderer Lebewesen förderten. Die Pflanzen der mesozoischen Ära erreichten oft große Ausmaße und waren meist sogar viel größer als die meisten moderne Pflanzen. Wenn du mehr über die Pflanzenwelt in der mesozoischen Ära erfahren möchtest, lies dir die nachfolgende Informationsbox durch.

Die Pflanzenwelt der mesozoischen Ära

Die mesozoische Ära war nicht nur das Zeitalter der Dinosaurier, sondern auch eine entscheidende Zeit in der Entwicklung der Pflanzenwelt. Die Erde erlebte mehrere signifikante Veränderungen und Entwicklungen in der Flora, die die Landschaften und Ökosysteme prägten, in denen die Dinosaurier und andere Tiere lebten. Werfen wir nun einen genaueren Blick auf die einzelnen Perioden der mesozoischen Ära und welche Pflanzen diese dominierten:

Triaszeit

Während der Triaszeit dominierten die Samenfarne (Pteridospermatophyta) die Landschaften. Sie waren baumartige Pflanzen, die Samen produzierten, ähnlich wie die heutigen Nadelbäume.

Die ersten Koniferen, zu denen auch die heutigen Kiefern und Tannen gehören, begannen sich auszubreiten. Diese Pflanzen waren anpassungsfähig und konnten in verschiedenen Klimazonen gedeihen, von trocken bis feucht.

Während der Triaszeit tauchten außerdem die ersten Ginkgobäume auf. Diese Bäume mit ihren charakteristischen fächerförmigen Blättern waren weit verbreitet und sind es noch heute.

Jurazeit

Die Koniferen setzten ihre Ausbreitung fort und dominierten schließlich viele Landschaften. Ihre Vielfalt explodierte regelrecht, und sie passten sich verschiedenen Klimazonen und Umgebungen an.

Baumfarne und Schachtelhalme wuchsen in feuchten Gebieten und formten dichtes Unterholz. Besonders Schachtelhalme erreichten in dieser Zeit enorme Größen.

Nicht zu vergessen sind die Zykaden und Bennettitales. Diese Pflanzengruppen waren besonders verbreitet und bildeten oft dichte Wälder, besonders in den wärmeren Klimazonen.

Kreidezeit

Eine der bedeutendsten Entwicklungen der mesozoischen Ära war das Aufkommen der Blütenpflanzen in der Kreidezeit. Diese Pflanzen revolutionierten die Ökosysteme, da sie effizienter Energie aus der Sonne nutzten und Nährstoffe in Früchten speichern konnten. Ihre Koexistenz mit Bestäubern führte zu einer schnellen Ausbreitung und Diversifikation.

Möglicherweise hast du schon einmal davon gehört, dass die Pflanzen damals größer waren als heute. Die Flora der mesozoischen Ära war tatsächlich oft deutlich größer. Doch woran lag das, schließlich leben auch wir auf der Erde. Hier sind einige Faktoren, die zu dieser enormen Pflanzengröße beigetragen haben:

CO2-Gehalt

Die Atmosphäre während der mesozoischen Ära hatte einen höheren CO2-Gehalt im Vergleich zur heutigen Atmosphäre. Höhere CO2-Konzentrationen fördern das Pflanzenwachstum, da Kohlendioxid wesentlich für die Photosynthese ist.

Klima

Das allgemein warme und feuchte Klima der mesozoischen Ära schuf ideale Bedingungen für das Pflanzenwachstum. Diese klimatischen Bedingungen, kombiniert mit reichlich Niederschlägen, ermöglichten es Pflanzen, riesige Ausmaße anzunehmen.

Konkurrenz und Ko-Evolution mit Dinosauriern

Die Präsenz von großen herbivoren – also pflanzenfressenden – Dinosauriern könnte ebenfalls die Evolution größerer Pflanzen gefördert haben. Große Pflanzen könnten einen Überlebensvorteil gegenüber kleineren Pflanzen entwickelt haben, die selbst von nicht allzu großen Dinosauriern erreicht und somit gefressen werden konnten. Pflanzen, die in die Höhe wuchsen, konnte so ihre Blätter und Zweige außerhalb der Reichweite von kleineren pflanzenfressenden Dinosauriern (Herbivoren) halten.

Kein Gras

Gräser, die heutzutage eine dominante Vegetationsform sind, waren in der mesozoischen Ära nicht vorhanden. Dies ermöglichte es anderen Pflanzenformen, sich auszubreiten. Viele dieser Pflanzen hatten baumartige Strukturen, die große Höhen erreichen konnten.

Nährstoffreiche Böden

Die Böden der mesozoischen Ära waren nährstoffreich, was durch den Zerfall von organischen Materialien aus vorangegangenen Ären und durch vulkanische Aktivitäten gefördert wurde. Diese nährstoffreichen Böden unterstützen ebenso das Wachstum von höheren und größeren Pflanzen.

Die verschiedenen Dinosaurierarten

Die Dinosaurier repräsentieren eine außerordentlich vielfältige Gruppe von Reptilien. Dieses Kapitel zielt darauf ab, die bemerkenswerte Diversität dieser prähistorischen Giganten zu erforschen und einen Überblick über die verschiedenen Dinosaurierarten zu ermöglichen.

Theropoden

Theropoden waren hauptsächlich fleischfressende Dinosaurier, die sich auf zwei Beinen fortbewegten. Sie besaßen scharfe Reißzähne und kräftige, spitze Klauen. Zu den berühmtesten Vertretern dieser Gruppe gehören der Tyrannosaurus-Rex, der Velociraptor und der Spinosaurus, die du dir auf den Seiten 104, 106 und 98 anschauen kannst.

Sauropoden

Sauropoden waren riesige, langhalsige Pflanzenfresser mit langen Schwänzen, die sich auf allen Vieren fortbewegten. Deshalb werden sie oft umgangssprachlich einfach als „Langhalsdinosaurier“ bezeichnet. Sie sind bekannt für ihre enorme Größe und ihren massiven Körperbau. Bekannte Arten unter den Sauropoden sind der Brachiosaurus und der Diplodocus. Blättere auf die Seiten 62 und 74, um sie dir anzuschauen!

Ornithopoden

Ornithopoden waren eine diverse Gruppe von herbivoren Dinosauriern, die sich sowohl auf zwei als auch auf vier Beinen fortbewegen konnten. Sie hatten oft spezialisierte Zähne zum Zerkleinern von Pflanzenmaterial. Bekannte Vertreter sind der Edmontosaurus, der Parasaurolophus und der Maiasaura – du findest die drei auf den Seiten 76, 90 und 84.

Thyreophora

Die Thyreophora waren eine Gruppe von herbivoren Dinosauriern, die für ihre Panzerung und Stacheln bekannt waren. Der Stegosaurus und der Ankylosaurus sind besonders bekannte Vertreter der Thyreophora. Ansehen kannst du dir die beiden auf den Seiten 100 und 54.

Ceratopsia

Ceratopsianer waren herbivore Dinosaurier mit auffälligen Hörnern und Nackenschirmen, die wahrscheinlich der Verteidigung oder der sozialen Interaktion dienten. Der Triceratops ist der wohl bekannteste Vertreter dieser Gruppe – du findest ihn auf Seite 102.

Ernährungstypen der Dinosaurier

Dinosaurier lassen sich auch hinsichtlich ihres Fressverhaltens unterscheiden. Es gibt karnivore, herbivore und omnivore Vertreter.

Karnivore Dinosaurier

Definition

Fleischfressende Dinosaurier, die sich hauptsächlich oder ausschließlich von anderen Tieren ernährten.

Merkmale

Meistens scharfe Zähne und Klauen, oft auch eine kräftige Kiefermuskulatur. Einige karnivore Dinosaurier waren schnelle Läufer.

Beispiele

Tyrannosaurus-Rex, Velociraptor, Allosaurus.

Herbivore Dinosaurier

Definition

Pflanzenfressende Dinosaurier, die sich von verschiedenen Pflanzenarten ernährten.

Merkmale

Abhängig von der bevorzugten Pflanzennahrung variierten die Zahnstrukturen. Einige hatten breite, flache Zähne zum Zermalmen von Pflanzen, während andere spezielle Zähne zum Zerreißen von Pflanzen hatten. Viele herbivore Dinosaurier waren groß und hatten robuste Körper.

Beispiele

Triceratops, Brachiosaurus, Stegosaurus.

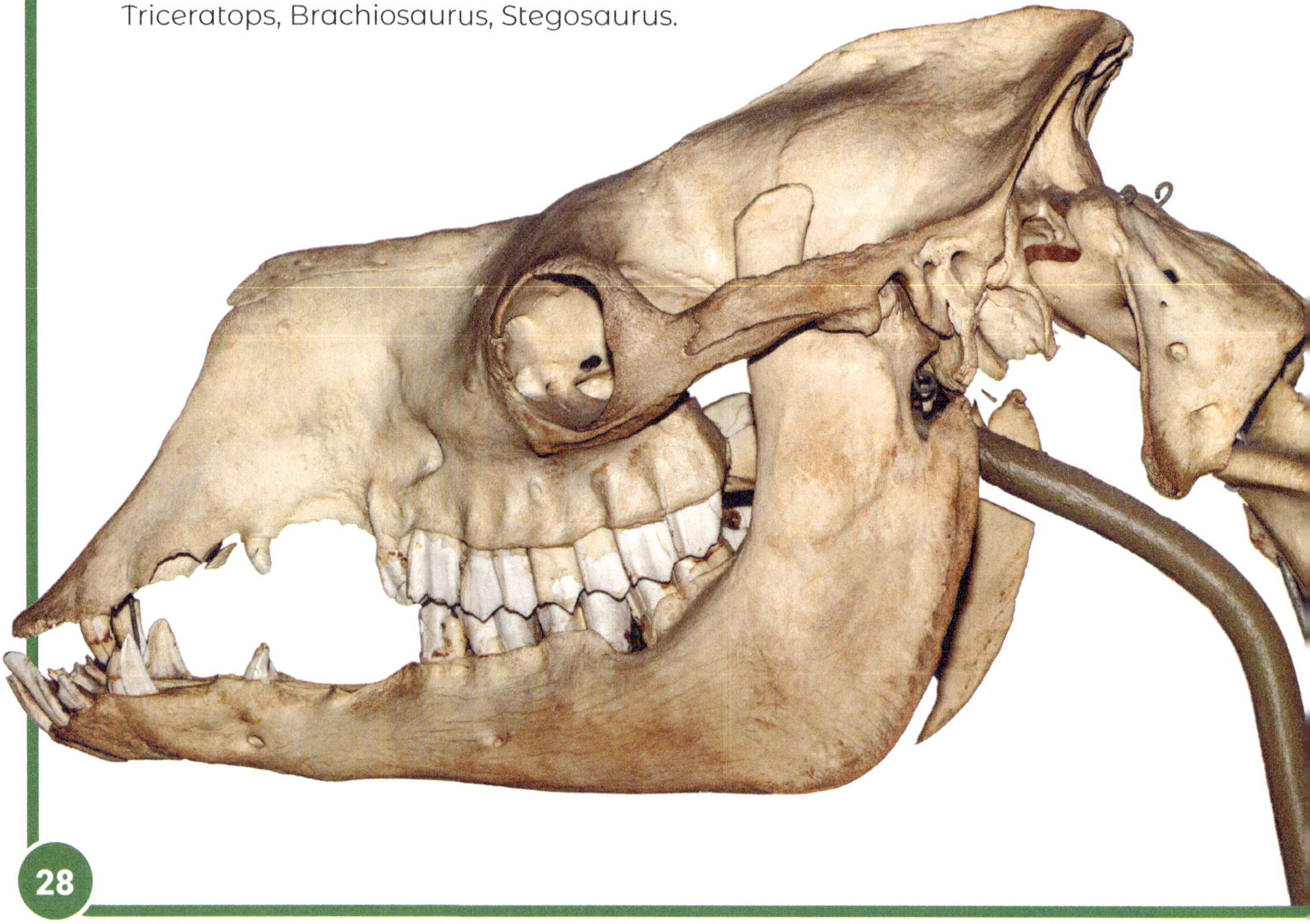

Omnivore Dinosaurier

Definition

Allesfressende Dinosaurier, die sich sowohl von Pflanzen als auch von Fleisch ernährten.

Merkmale

Eine Mischung aus Merkmalen von karnivoren und herbivoren Dinosauriern. Diese Dinosaurier hatten oft eine Vielzahl von Zähnen, sowohl zum Zerreißen von Fleisch als auch zum Zerkleinern von Pflanzen.

Beispiele

Oviraptor, Deinonychus (obwohl die Ernährungsgewohnheiten bei einigen dieser Arten immer noch umstritten sind).

Anatomie und Physiologie der Dinosaurier

Schlüsse über die Anatomie und Physiologie der Dinosaurier zu ziehen, ist wichtig, um unser Verständnis dieser faszinierenden Kreaturen zu vertiefen. Durch die Untersuchung der Fossilien und dank der fortgeschrittenen technischen Hilfsmittel, erhalten Wissenschaftler eine fundierte Vorstellung von der Struktur und Funktionsweise der Dinosaurierkörper. Dieses Kapitel beleuchtet die verschiedenen anatomischen und physiologischen Aspekte, die die Dinosaurier zu den dominanten Kreaturen ihrer Zeit gemacht haben.

Skelettstruktur

Schädel

Der Schädelbau variierte stark zwischen den verschiedenen Dinosaurierarten und reflektierte ihre unterschiedlichen Ernährungsgewohnheiten. Herbivore Dinosaurier tendierten zu robusten, kraftvollen Schädeln, während karnivore Dinosaurier oft leichtere, beweglichere Schädel mit scharfen, Reißzähnen hatten.

Wirbelsäule

Natürlich war die Wirbelsäule ein entscheidendes Element, das die Beweglichkeit und Haltung der Dinosaurier bestimmte. Die Sauropoden hatten verlängerte Wirbelsäulen, die ihnen erlaubten, besonders lange Hälse zu entwickeln und so große Höhen zu erreichen, um von Blättern der hohen Bäum zu fressen. So ähnlich kennst du das von Giraffen, die mit ihren längen Hälsen an die Blätter gelangen, die andere Tiere nicht erreichen.

Gliedmaßen

Die Struktur der Gliedmaßen reflektiert die Anpassungsfähigkeit der Dinosaurier an unterschiedliche Lebensräume und Lebensweisen. Auch hier gibt es deshalb starke Unterschiede. Während einige Dinosaurier auf zwei Beinen liefen bewegten sich andere auf vier Beinen.

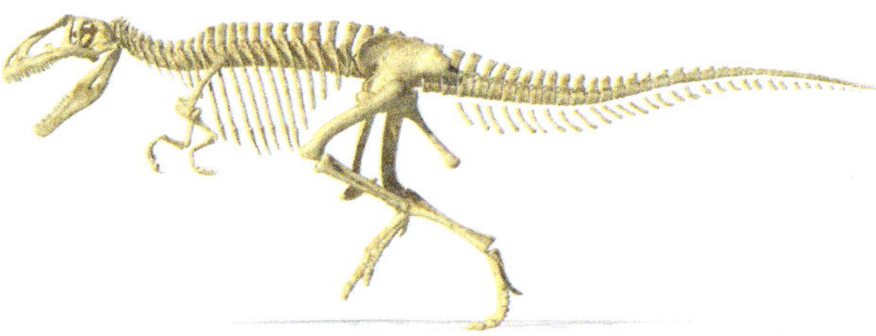

Muskelstruktur

Die Muskulatur der Dinosaurier spielte eine entscheidende Rolle bei ihrer Fortbewegung. Starke Beinmuskeln ermöglichten es ihnen, mit hohen Geschwindigkeiten zu laufen oder zu springen. Letzteres war bei der Jagd, aber auch bei der Flucht vor Fressfeinden wichtig.

Atmungssystem

Das Atmungssystem der Dinosaurier war ein fortgeschrittenes und effizientes System, das Sauerstoff durch den Körper transportierte. Einige Studien legen nahe, dass Dinosaurier möglicherweise ähnlich wie Vögel über Luftsäcke verfügten, die wie ein Blasebalg funktionierten und die so eine effiziente Atmung möglich machten.

Fortpflanzung und Entwicklung

Sämtliche, an Land lebende Dinosaurierarten legten Eier. Fossilien von Dinosauriereiern und Nestern bieten Wissenschaftlern Einblicke in die Fortpflanzung und die frühkindliche Entwicklung dieser prähistorischen Kreaturen. Die Größe der Dinosauriereier war so vielfältig wie die Dinosaurierarten und die Eier konnten so klein wie ein Hühnerei oder so groß wie ein Fußball sein. Die Form der Eier variierte ebenfalls, von nahezu kugelförmig bis oval oder länglich. Einige Eier hatten eine glatte Oberfläche, während andere mit Rillen oder Strukturen versehen waren. Die Nester bestanden entweder aus Pflanzenmaterialien, Schlamm oder Sand und boten den Eiern Schutz. Darüber hinaus verfügten die meisten Dinosauriereier über kalkhaltige Schalen, ähnlich wie die Eier moderner Vögel.

Nervensystem und Sinne

Es ist schwierig, präzise Details über das Nervensystem und die Sinne der Dinosaurier zu erhalten. Dennoch deuten einige fossile Funde darauf hin, dass viele Dinosaurier gut entwickelte Sinne und möglicherweise sogar ein gewisses Maß an sozialer Interaktion und Kommunikation aufwiesen.

Ernährungsstrategien

Die Anatomie der Dinosaurier reflektiert ihre verschiedenen Ernährungsstrategien. Während herbivore Dinosaurier oft robuste Zähne und Kiefer zum Zerkleinern von Pflanzenmaterial hatten, verfügten karnivore Dinosaurier über scharfe Zähne zum Reißen und Zerkleinern von Fleisch.

Fossile Funde und Paläontologie

Fossile Funde sind die wichtigsten Datenträger, dank denen wir einen Einblick in die Welt der Dinosaurier erhalten. In diesem Kapitel werden wir die Grundlagen der Dinosaurier-Paläontologie und einige der bemerkenswertesten fossilen Funde und Entdeckungen erörtern.

Die Suche nach Fossilien

Dinosaurierfossilien wurden auf jedem Kontinent der Erde gefunden, von Nordamerika über Europa bis zu den Gobi-Wüsten Asiens und den weiten Ebenen Patagoniens im Süden des heutigen Argentiniens. Bekannte Fundorte sind die Morrison-Formation in den USA, die Yixian-Formation in China und die Ischigualasto-Formation in Argentinien.

Die Entdeckung und Freilegung von Dinosaurierfossilien erfordert sorgfältig geplante Expeditionen und intensive Feldarbeit, oft unter schwierigen und

herausfordernden Bedingungen. Vor Ort lösen die Forscher die Fossilien behutsam aus dem Gestein, was oft wochen- oder sogar monatelange sorgfältige Arbeit mit Hammer, Meißel und Pinsel erfordert.

Doch wie funktioniert die Identifizierung der Fossilien? Die Erstidentifikation der Fossilien erfolgt oft direkt am Fundort. Paläontologen können die spezifischen Eigenschaften von Dinosaurierknochen anhand ihrer Form, Größe und Struktur erkennen. Nach der Ausgrabung werden die Fossilien weiter untersucht, um unter anderem ihre Artzugehörigkeit und ihr Alter zu bestimmen.

Präparation und Analyse

Nach der Freilegung und Ausgrabung werden die Fossilien an spezialisierte Labore übergeben, wo sie weiteren Untersuchungen unterzogen werden. Im Rahmen der Fossilpräparation werden die Fossilien dann von umgebendem Gestein befreit und konserviert. Dabei wird eine Vielzahl von Werkzeugen verwendet, von einfachen Meißeln bis hin zu hochpräzisen Geräten und Mikroskopen, um die feinen Details auf den Oberflächen der Fossilien freizulegen.

Mithilfe von Computertomographie und 3D-Modellierung können die Wissenschaftler die interne Struktur der Fossilien untersuchen, ohne sie physisch zu beschädigen. Die daraus entstehenden 3D-Modelle werden darüber hinaus für biomechanische Analysen verwendet, um beispielsweise die Bewegungsfähigkeit von Dinosauriern zu untersuchen.

Außerdem können die Paläontologen durch die Untersuchung dünner Schnitte von Dinosaurierknochen die Wachstumsringe sehen, ähnlich wie bei Bäumen. Diese Ringe geben Aufschluss über das Alter des Dinosauriers zum Zeitpunkt seines Todes. Des Weiteren wird eine sogenannte Isotopenanalyse durchgeführt. Die Analyse der stabilen Isotope in den Dinosaurierknochen gibt Aufschluss über die Ernährung und das Klima in dem der jeweilige Dinosaurier lebte.

Bedeutende fossile Funde

Die Fossilien von Dinosauriern sind auf der ganzen Welt gefunden worden. Einige Funde haben aufgrund ihrer Vollständigkeit, ihres Alters oder ihrer Seltenheit besondere Aufmerksamkeit erlangt. Folgend findest du einige Beispiele für bedeutende fossile Funde und die Orte, an denen sie entdeckt wurden:

Tyrannosaurus-Rex „Sue"

Sue ist das größte und am besten erhaltene T.-Rex-Skelett, das bisher gefunden wurde. Es wurde 1990 in South Dakota, USA, von der Paläontologin Sue Hendrickson entdeckt, nach der es benannt wurde. Sue befindet sich jetzt im Field Museum in Chicago.

Brachiosaurus brancai

Dieses fast vollständige Skelett wurde in Tansania in Afrika gefunden und ist eines der größten jemals montierten Dinosaurierskelette. Es wird noch immer im Museum für Naturkunde in Berlin ausgestellt. Auf der Seite 62 findest du eine Abbildung des Brachiosaurus.

Triceratops „Lane"

Eines der vollständigsten Triceratops-Skelette, wurde in Wyoming, USA, gefunden und wird derzeit im Museum of the Rockies in Montana, ausgestellt. Mehr zum Triceratops findest du auf Seite 102.

Velociraptor und Protoceratops

Eine bemerkenswerte Fossilie, die in der Mongolei gefunden wurde, zeigt einen Velociraptor und einen Protoceratops. Die beiden sind im Kampf miteinander verwickelt, wodurch ein seltener Einblick in das Verhalten von Dinosauriern gewonnen wurde. Den schnellen Jäger Velociraptor kannst du dir auf der Seite 106 genauer ansehen.

Diplodocus „Dippy“

Ein fast vollständiges Skelett, das in Wyoming, USA, gefunden wurde, und für viele Jahre im Hauptsaal des Natural History Museum in London ausgestellt war. Den riesigen Diplodocus kannst du auf der Seite 74 bestaunen.

Archaeopteryx

Ein wichtiger Fund für das Verständnis der Evolution von Dinosauriern zu Vögeln. Die Fossilien eines Archaeopteryx wurden in der Solnhofener Platte in Deutschland gefunden und zeigen Federn zusammen mit dinosaurierähnlichen Merkmalen. Den Archaeopteryx findest du auf der Seite 58.

Spinosaurus

Die Überreste dieses riesigen fleischfressenden Dinosauriers wurden in Nordafrika entdeckt. Auf gut erhaltenen Fossilien sind die charakteristischen Rückensegel zu erkennen. Einen genaueren Blick auf den größten aller fleischfressenden Dinosaurier kannst du auf Seite 98 werfen.

Das Aussterben der Dinosaurier

Die Frage nach dem Aussterben der Dinosaurier ist eine, die Wissenschaftler seit Jahrzehnten beschäftigt. Im Laufe der Zeit haben Paläontologen, Geologen und andere Experten eine Vielzahl von Theorien entwickelt, um dieses erdgeschichtliche Rätsel zu lösen. Diese Theorien basieren auf einer Vielzahl von Hinweisen, die aus der ganzen Welt gesammelt wurden, und bieten unterschiedliche Perspektiven auf die möglichen Ursachen und Folgen des Massenaussterbens vor 66 Millionen Jahren. Die nachstehenden Unterkapitel präsentieren einige der bekanntesten Theorien zum Aussterben der Dinosaurier sowie den aktuellen Stand der wissenschaftlichen Erkenntnisse. Jede Theorie bringt ihre eigenen Interpretationen mit, und viele Forscher glauben, dass eine Kombination von mehreren Faktoren am wahrscheinlichsten zur Katastrophe und dem Ende der Dinosaurier-Ära führte.

Der Chicxulub-Krater auf der Yucatán-Halbinsel in Mexiko ist das tatsächliche Überbleibsel dieses vermuteten Asteroideneinschlags. Mit einem Durchmesser von etwa 180 Kilometern zeigt der Krater die enorme Energie des Einschlags und gibt Aufschluss über die katastrophalen Folgen für das globale Klima und die Lebensbedingungen auf der Erde. Beide – die Iridium-Anomalie an der K-T-Grenze und der Chicxulub-Krater – bilden zusammen ein starkes Argument für die Theorie des Asteroideneinschlags als wichtigen Faktor für das Aussterben der Dinosaurier.

Vulkanismus in den Dekkan-Trappen

Bereits vor dem Asteroideneinschlag ereigneten sich massive vulkanische Eruptionen im Dekkan-Trapp im heutigen Indien. Das Dekkan-Trapp ist ein Gebiet, das stark von vulkanischer Aktivität geformt wurde. Die Freisetzung riesiger Mengen von Lava, zusammen mit Schwefelverbindungen und Kohlendioxid, hatte langfristige Auswirkungen auf das Klima. Diese Eruptionen haben wahrscheinlich über einen Zeitraum von etwa einer Million Jahren zur globalen Erwärmung und Versauerung der Ozeane beigetragen haben, was die Lebensbedingungen für viele Spezies weiter verschlechterte. Wahrscheinlich ist, dass die vulkanischen Eruptionen der Hauptauslöser für das Aussterben der Dinosaurier war und der Effekt zusätzlich durch den Asteroideneinschlag verstärkt wurde.

Weitere Theorien und Faktoren

Neben dem Einschlag und dem Vulkanismus gibt es noch andere Theorien und Faktoren, die untersucht wurden. Meeresspiegelschwankungen, klimatische Veränderungen und die Evolution der Pflanzenwelt könnten ebenso das Aussterben der Dinosaurier beeinflusst haben. Die wissenschaftliche Gemeinschaft ist weiterhin auf der Suche nach einem vollständigen Verständnis der komplexen Interaktionen zwischen diesen verschiedenen Faktoren und wie sie das Leben auf der Erde beeinflussten.

Nach dem Aussterben

Nach dem Aussterben der Dinosaurier füllten andere Organismen die leeren ökologischen Nischen. Besonders bemerkenswert ist die Evolution der Vögel aus Theropoden, die das Erbe der Dinosaurier bis in die heutige Zeit fortsetzt. Zudem begannen sich die Säugetiere auszubreiten was den Weg für die Entwicklung der modernen Ökosysteme ebnete. Das Aussterben der Dinosaurier war ein entscheidendes Ereignis, das die Bühne für die nächsten Kapitel der Erdgeschichte bereitete.

Aufstieg der Säugetiere

Die Säugetiere waren während der Herrschaft der Dinosaurier meist kleine, nachtaktive Kreaturen, die in den Schatten der riesigen Reptilien lebten. Mit dem Aussterben der Dinosaurier erlebten die Säugetiere eine adaptive Radiation, die sie in zahlreiche neue ökologische Nischen führte.

Adaptive Radiation

Adaptive Radiation bezeichnet in der Evolutionsbiologie den Prozess, bei dem aus einer einzigen Ursprungsart in relativ kurzer geologischer Zeit eine Vielzahl von Arten entsteht, die sich an unterschiedliche ökologische Nischen oder Lebensräume anpassen. Dieser Prozess wird häufig durch eine plötzliche Verfügbarkeit von neuen Lebensräumen oder durch die Entwicklung neuer Anpassungen oder Fähigkeiten ausgelöst, die das Erschließen neuer ökologischer Nischen ermöglichen.

Ihre relativ rasche Diversifikation ermöglichte es den Säugetieren, eine Vielzahl von Formen und Größen anzunehmen und eine breite Palette von Lebensräumen zu besiedeln. Von Wäldern und Graslandschaften bis hin zu aquatischen und unterirdischen Lebensräumen - die Säugetiere nutzten die durch das Aussterben geschaffenen Möglichkeiten optimal aus und wurden zu den dominanten Landtieren des Känozoikums.

Entstehung neuer Vogelarten

Die Vögel, als direkte Nachkommen der Theropoden, setzten ihre evolutionäre Reise fort und diversifizierten sich zu einer beeindruckenden Vielfalt von Arten. Ihr Flugvermögen und ihre Anpassungsfähigkeit ermöglichten es ihnen, in neue Lebensräume vorzudringen, die zuvor von den Dinosauriern dominiert wurden. Das Aussterben der Urzeitriesen ermöglichte es den Vögeln, ihre Nischen zu erweitern und neue ökologische Rollen einzunehmen.

Dinosaurier-Funfacts

Winzige Gehirne

Der Stegosaurus, bekannt für seinen mit Platten und Stacheln übersäten Körper, hatte ein Gehirn von der Größe einer Walnuss.

Riesige Herzen

Einige Paläontologen glauben, dass das Herz eines Brachiosaurus bis zu 400 Kilogramm gewogen haben könnte.

Eine regelrechte „Zahnfabrik“

Einige Dinosaurier, wie der Triceratops, könnten im Laufe ihres Lebens Tausende von Zähnen produziert haben, da sie ständig nachwuchsen.

„Fenster“ im Schädel

Viele Dinosaurier, besonders Theropoden, hatten große Öffnungen in ihren Schädeln, die ihre Köpfe leichter machten.

Klauen und Zähne

Der T-Rex hatte Zähne so groß wie Bananen und konnte mit einem einzigen Biss bis zu 230 Kilogramm Fleisch verschlingen.

Keine Eiszeit-Dinos

Obwohl oft in Popkultur und Medien dargestellt, gab es keine Dinosaurier in der Eiszeit. Die Dinosaurier waren lange vor Beginn der Eiszeit ausgestorben.

Kontinuierliche Entdeckung

Fast jede Woche wird irgendwo auf der Welt ein neuer Dinosaurier entdeckt.

Kleiner Jäger

Der Compsognathus war einer der kleinsten bekannten Dinosaurier, etwa so groß wie ein Huhn.

Federn

Nicht alle Dinosaurier waren schuppenbedeckt. Einige kleinere Raubdinosaurier, wie der Dakotaraptor, hatten Federn.

31 der eindrucksvollsten Dinosaurier

Auf den nächsten Seiten erwecken wir die beeindruckendsten Dinosaurier zum Leben! Du findest jeweils wissenswerte Infos und einen Steckbrief, der dich zu folgenden Punkten aufklärt:

Ära

Gibt die Ära an, in der der Dinosaurier lebte. Sprich in der Kreide-, Jura- oder Triaszeit. Außerdem wird die Zeitspanne benannt.

Größe und Gewicht

Gibt die Größe bzw. Länge in Metern und das Gewicht des Dinosauriers in Kilogramm oder Tonnen an.

Ernährung

Zeigt dir auf, ob sich der Dinosaurier herbivor, karnivor oder omnivor ernährte.

Lebensraum

Gibt den typischen Lebensraum an, in dem der Dinosaurier lebte – wie z.B. in Waldgebieten oder auf offenen Ebenen.

Region der Fossilienfunde

Gibt die heutige Region der Erde an, in der fossile Überreste des Dinosauriers gefunden wurden.

Vergleich mit modernen Tieren

Damit du dir die Größe der prähistorischen Echsen besser vorstellen kannst, findest du zu jedem Dinosaurier eine Miniaturansicht. Daneben siehst du einen Menschen und die folgenden modernen Tiere, sodass du die Proportionen vergleichen kannst:

Hinweis

Bitte beachte, dass es sich bei der Angabe der Größe bzw. Länge, des Gewichts sowie bei der Angabe der Zeitspannen, in denen die Dinosaurier lebten, lediglich um Schätzungen handelt. Die Länge der Dinosaurier wird stets in aufrechter Position von der Schwanzspitze bis zum Kopfende angegeben. Auch wirst du einige Tiere aus der Urzeit finden, die zwar eigentlich gar keine Dinosaurier waren, aber dennoch oftmals als solche bezeichnet werden.

Elefant

Geier

Weißer Hai

Blauwal

ABELISAURUS

- Späte Kreidezeit (vor etwa 71 bis 65 Mio. Jahren)
- 7-9 m lang; 2-3 t
- Karnivore (Fleischfresser)
- Offene Wälder und Flussebenen
- Hauptsächlich in Argentinien

- Bis heute wurde nur ein einziger Schädel des Abelisaurus gefunden, was die genaue Rekonstruktion seiner Körpergröße und -form erschwert.
- Abelisaurus gehört zu einer Gruppe von Dinosauriern, die sich in Südamerika isoliert von anderen Kontinenten entwickelten, was zu einzigartigen Anpassungen führte.
- Hatte kräftige Hinterbeine und war deshalb wohl ein schneller Läufer, wie andere Theropoden.
- Es ist möglich, dass er in Gruppen oder Familienverbänden lebte, um das Überleben und den Schutz der Jungtiere zu sichern.

ALLOSAURUS

- Oft als der „Löwe der Jurazeit" bezeichnet, da er einer der größten Raubtiere seiner Zeit war und wahrscheinlich sogar größere Pflanzenfresser jagte.
- Hatte eine einzigartige Kiefermechanik, die es ihm ermöglichte, seinen Oberkiefer nach außen zu bewegen, um größere Bisse zu nehmen.
- Hatte auffällige knöcherne Auswüchse über seinen Augen, deren Zweck nicht vollständig geklärt ist.
- Jagte möglicherweise im Rudel.

Späte Jurazeit
(vor etwa 155 bis 150 Mio. Jahren)

6-10 m lang; bis zu 2,9 t

Karnivore (Fleischfresser)

Waldgebiete und offene Ebenen in einem gemäßigten Klima

Nordamerika, möglicherweise auch Teile Europas und Afrikas

ANCHISAURUS

- Ein relativ kleiner, langhalsiger Dinosaurier mit einer schlanken Körperstruktur.
- Wahrscheinlich ein schneller Läufer, der sich von kleinen Pflanzen ernährte.
- Ähnlich in der Größe zu einem mittelgroßen Hund.
- Hat möglicherweise nicht nur Pflanzen, sondern auch Fleisch gefressen.
- Erstmals beschrieben im Jahr 1885 nach Funden in Nordamerika.

Frühe Jurazeit
(vor etwa 200 bis 190 Mio. Jahren)

etwa 2,5 m lang; 20 bis 40 kg

Herbivore (Pflanzenfresser)

Landgebiete mit Wald

Nordamerika und möglicherweise Europa

ANKYLOSAURUS

- Hatte einen starken Panzer aus Knochenplatten, der seinen Rücken bedeckte und eine massive Keule am Ende seines Schwanzes.
- Die Schwanzkeule diente zur Verteidigung und konnte wahrscheinlich selbst großen Räubern die Beine brechen.
- Hat Ähnlichkeiten zu einem gepanzerten Gürteltier, ist aber in Größe und Gewicht eher vergleichbar mit einem Nashorn.
- Hatte sogar Panzerung über seinen Augenlidern.

Späte Kreidezeit
(vor etwa 68 bis 66 Mio. Jahren)

bis zu 8 m lang; bis zu 4 t

Herbivore (Pflanzenfresser)

Wälder und offene Landschaften.

Nordamerika

ANTARCTOSAURUS

- Obwohl der Name sich auf die Antarktis bezieht, wurde dieser Dinosaurier nicht dort gefunden. Der Name bezieht sich auf den südlichen Fundort in Argentinien.
- Einige der Beinknochen sind ungewöhnlich dünnwandig, was darauf hindeutet, dass er trotz seiner großen Größe ein relativ leichter Körperbau gehabt haben könnte.
- Der Schädel wurde nie gefunden, was zu Spekulationen über sein Aussehen und seine Ernährungsgewohnheiten führt.
- War wahrscheinlich ein langsamer, aber mächtiger Pflanzenfresser.

Späte Kreidezeit
(vor ca. 86 bis 83 Mio. Jahren)

ca. 18 m lang; 20-30 t

Herbivore (Pflanzenfresser)

Flussufer in einer gemäßigten
bis tropischen Umgebung

Südamerika, hauptsächlich
Argentinien

ARCHAEOPTERYX

- Wurde erstmals im 19. Jahrhundert entdeckt und ist bekannt für seine einzigartige Position in der Evolution von Dinosauriern zu Vögeln.
- Der Archaeopteryx hatte sowohl Federn als auch Flügel, aber auch reptilienähnliche Züge wie Zähne und einen langen Schwanz.
- Es wird angenommen, dass der Archaeopteryx in waldreichen Gebieten lebte und teils auf Bäumen lebte.
- Obwohl er über Flügel und Federn verfügte, ist nicht sicher, ob er fliegen konnte wie moderne Vögel; einige Forscher vermuten, dass er mehr gleitete als flog.
- Es wurden mehrere sehr gut erhaltene Fossilien gefunden, die wertvolle Informationen über sein Aussehen und seinen Lebensraum liefern.

Jurazeit
(vor etwa 150 Mio. Jahren)

0,5-1 m lang, 0,8-2,2 kg

Insektivor (Insektenfresser) und
Karnivore (Fleischfresser)

Waldgebiete nahe Wasserquellen

Heutiges Deutschland

BATRACHOTOMUS

- War ein großes archosaurisches Reptil, das sogar noch vor den Dinosauriern lebte.
- Hatte einen robusten Körperbau mit vier kräftigen Gliedmaßen, die ihn sowohl im Wasser als auch an Land mobil machten.
- Lebte wohl im Wasser als auch an Land und führte eine semi-aquatische Lebensweise.
- Ernährte sich von einer großen Vielfalt an Beutetieren.
- Die meisten Fossilien von Batrachotomus wurden in Deutschland gefunden.

Mittlere bis späte Trias (etwa vor 242 bis 237 Millionen Jahren)

bis zu 6 m lang; mehrere hundert Kilogramm

Karnivore (Fleischfresser)

Flussufer und Feuchtgebiete

Deutschland

BRACHIOSAURUS

- Ist bekannt für seinen enorm großen Körper und seinen relativ langen Hals.
- Die Vorderbeine des Brachiosaurus waren länger als die Hinterbeine, was ihm einen steileren Stand und eine größere Höhe verlieh.
- Hatte einen relativ kleinen Kopf, im Verhältnis zu seinem riesigen Körper, und zahnlose Kiefer, die für das Kauen von Pflanzen ausgelegt waren.
- Die ersten Fossilien wurden Ende des 19. Jahrhunderts in Nordamerika gefunden, und seitdem wurden weitere wichtige Funde in Afrika gemacht.
- War wahrscheinlich ein hochspezialisierter Pflanzenfresser, der sich von den höheren Vegetationsschichten ernährte, die für andere Herbivoren unerreichbar waren.

Age: Spätes Jurazeit (etwa vor 154 bis 153 Mio. Jahren)

Kg: bis zu 26 m lang; 30-60 t

Herbivore (Pflanzenfresser)

Wälder mit hohen Bäumen

Nordamerika und Afrika

CAMPTOSAURUS

- Zweibeiniger Dinosaurier mit einem langen Schwanz und einer spitz zulaufenden Schnauze.
- Wahrscheinlich ein Herdentier, das in Gruppen lebte, um sich vor Räubern zu schützen.
- Die Körperstruktur erinnert an heutige Iguanas, jedoch mit der Fähigkeit, sich zweibeinig fortzubewegen.
- Ernährte sich von Nadelbäumen und Farnen.
- „Camptosaurus" bedeutet "gebogener Echse".

Späte Jurazeit bis frühe Kreidezeit (vor ca. 160 Mio. Jahren)

5-6 m lang; bis zu 1 t

Herbivore (Pflanzenfresser)

Waldgebiete und offene Landschaften

Nordamerika und möglicherweise auch Europa

CARNOTAURUS

Späte Kreidezeit
(etwa vor 72 bis 69,9 Mio. Jahren)

bis zu 9 m lang, 1,5-2 t

Karnivore (Fleischfresser)

Offene Landschaften

Argentinien

- Carnotaurus ist bekannt für seine markanten Hörner über den Augen und eine extrem kurze, fast unbrauchbare Paar Vordergliedmaßen.
- Fossilienfunde legen nahe, dass sein Körper wahrscheinlich von kleinen, schuppigen Hautüberzügen bedeckt war, die ihm ein raues Aussehen verliehen.
- Dank seiner kräftigen Hinterbeine wird angenommen, dass der Carnotaurus ein besonders schneller Läufer war.
- Hatte eine starke Kiefermuskulatur, was auf eine spezialisierte Ernährungsweise hindeutet.

COELOPHYSIS

- Einer der ersten bekannten Dinosaurier und ein agiler Fleischfresser, der sich wahrscheinlich von kleineren Tieren und Insekten ernährte.
- Ähnliche Größe und Beweglichkeit wie ein Strauß, aber mit scharfen Zähnen und kräftigen Klauen.
- Es gibt Hinweise auf Kannibalismus unter Coelophysis, da Jungtiere im Magenbereich erwachsener Exemplare gefunden wurden.
- War wahrscheinlich ein schneller Läufer und geschickter Jäger.

Späte Triaszeit (vor ca. 210-200 Mio. Jahren)

ca. 3 m lang; etwa 20-50 kg

Karnivore (Fleischfresser)

Offene Landschaften und Waldgebiete

Nordamerika

COMPSAGNATHUS

- Kleiner, schlanker Körperbau, lange Hinterbeine und eine lange, spitze Schnauze.
- Schneller Läufer, der sich von Insekten und kleinen Tieren ernährte.
- Die Fossilien des Compsognathus, die in Deutschland und Frankreich gefunden wurden, gehören zu den am besten erhaltenen Dinosaurierfossilien überhaupt.
- Wurde durch seine Darstellung in den „Jurassic Park"-Filmen bekannt, wo er in Rudeln auftrat und eine Bedrohung für Menschen darstellte.

Späte Jurazeit
(vor etwa 150 Mio. Jahren)

ca. 1 m lang, 3 kg

Karnivore (Fleischfresser)

Küstenregionen und Wälder

Europa

DAKOTARAPTOR

- War ein aktiver Jäger, der auf Geschwindigkeit und Überraschungsangriffe setzte.
- Größer als der heutige Strauß und sehr ähnlich im Aussehen zu einem großen Raubvogel.
- Einige Wissenschaftler vermuten, dass er Federn hatte.
- Hatte ungewöhnlich lange Arme für einen Dinosaurier seiner Größe, was darauf hindeutet, dass sie eine wichtige Rolle bei der Jagd gespielt haben könnten.
- Wurde erst 2015 wissenschaftlich beschrieben, was ihn zu einer der jüngsten Dinosaurier-Entdeckungen macht.

Späte Kreidezeit (vor etwa 66 Mio. Jahren)

4,5-5 m lang; bis zu 400 kg

Karnivore (Fleischfresser)

Offene Landschaften und bewaldete Regionen

Nordamerika (insbesondere South Dakota)

DIPLODOCUS

- Späte Jurazeit (vor ca. 154 bis 152 Mio. Jahren)
- Bis zu 27 m lang; bis zu 15 t
- Herbivore (Pflanzenfresser)
- Ebenen und offene Waldgebiete
- Nordamerika

- Ein großer Dinosaurier mit einem charakteristischen langen Hals und Schwanz, der es ihm ermöglichte, in großer Höhe und auch am Boden nach Nahrung zu suchen.
- Der Schwanz des Diplodocus bestand aus bis zu 80 Wirbeln und könnte als Peitsche oder zur Kommunikation verwendet worden sein.
- Wuchs sehr schnell und erreichte seine maximale Größe in nur einem oder zwei Jahrzehnten.
- Hatte sehr kleine, nadelförmige Zähne, die nur zum Abreißen von Pflanzen und nicht zum Kauen geeignet waren.
- Einer der bekanntesten Dinosaurier. Sein Skelettt kann im Carnegie Museum of Natural History in Pittsburgh bestaunt werden.

EDMONTOSAURUS

- War ein großer pflanzenfressender Dinosaurier mit einem charakteristischen Schnabel und einer flachen, entenähnlichen Kopfform.
- Es wurden außergewöhnlich gut erhaltene „mumifizierte“ Überreste gefunden, bei denen Hautreste und möglicherweise sogar Weichteilstrukturen erhalten geblieben sind.

Späte Kreidezeit
(vor ca. 73 bis 66 Mio. Jahren)

bis zu 12 lang; bis zu 4 t

Herbivore (Pflanzenfresser)

Flussauen und offene Waldgebiete

Nordamerika

- Der Name "Edmontosaurus" bezieht sich auf die Stadt Edmonton in der kanadischen Provinz Alberta, in deren Nähe viele Fossilien dieser Art gefunden wurden.
- Junge Edmontosaurus-Individuen bewegten sich möglicherweise in Herden, getrennt von den Erwachsenen, fort.

ELASMOSAURUS

- Auffällig war der extrem lange Hals mit bis zu 71 Wirbeln.
- Jagte mit seinen großen, nach innen gebogenen Zähnen wahrscheinlich Fische und andere Meerestiere wie Tintenfische.
- Eine Theorie besagt, dass der Elasmosaurus seinen langen Hals benutzte, um unbemerkt an Beute heranzuschwimmen, indem er seinen Körper im Dunkeln verbarg und nur sein Kopf und Hals hervorlugten, um nach Beute zu schnappen.
- Erstmals beschrieben im Jahr 1868.

Age: Späte Kreidezeit (vor ca. 70 Mio. Jahren)

Kg: ca. 14 m lang; 2 bis 3 t

Karnivore (Fleischfresser)

Ozeane und Meere

Nordamerika

GIGANOTOSAURUS

- Einer der größten bekannten fleischfressenden Dinosaurier aus dem heutigen Südamerika.
- Vermutlich ein aktiver Jäger, möglicherweise jagte er im Rudel.
- Der Name „Giganotosaurus“ bedeutet “große südliche Echse”.
- War wohl schneller als der T-Rex und somit ein sehr gefährlicher Jäger.
- Lebte mehrere Millionen Jahre vor dem T-Rex.

Späte Kreidezeit
(vor ca. 98 Mio. Jahren)

12-13 m lang; ca. 8 t

Karnivore (Fleischfresser)

Offene Waldgebiete und Flusstäler

Südamerika
(hauptsächlich Argentinien)

GIRAFFATITAN

- Viel größer als eine Giraffe, aber mit einem ähnlichen langen Hals.
- „Giraffatitan" bedeutet „gigantische Giraffe".
- Wissenschaftler schätzen, dass das Herz des Giraffatitan hat bis zu 250 Kilogramm wog.
- Der Hals des Dinosauriers konnte eine Länge von bis zu 9 Metern erreichen.
- Die Fossilien wurden erstmals in den frühen 1900er Jahren in Tansania entdeckt.

Späte Jurazeit
(vor etwa 150 Mio. Jahren)

22-26 m lang; ca. 40 t

Herbivore (Pflanzenfresser)

Gebiete mit üppiger Vegetation in einem tropischen bis subtropischen Klima

Heutiges Tansania, Afrika

MAIASAURA

- Der Name „Maiasaura" bedeutet „gute Mutter-Echse", ein Hinweis auf die Beweise für elterliche Fürsorge, die aus den fossilen Funden hervorgegangen sind.
- Maiasaura lebten wahrscheinlich in großen Herden und nisteten, wobei sie ihre Jungen in speziell gebauten Nestern umsorgten.
- War ein großer Dinosaurier mit einem flachen, entenartigen Schnabel und einem robusten Körper.
- Wurde 1978 von der Paläontologin Marion Brandvold und ihrem Sohn David Trexler in Montana, USA, entdeckt.

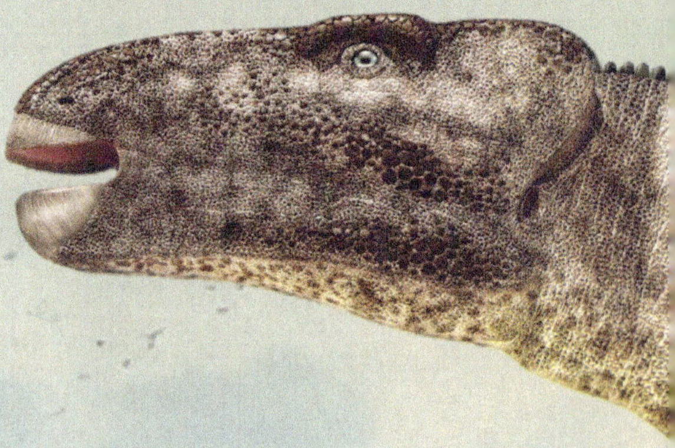

Späte Kreidezeit (vor etwa 76,7 Mio. Jahren)

bis zu 9 m lang; 3-4 t

Herbivor (Pflanzenfresser)

Flussufer und Auenlandschaften

Nordamerika

NOTHOSAURUS

- Mittlere bis späte Triaszeit (vor ca. 240 bis 210 Mio. Jahren)
- bis zu 4 m lang; bis zu 150 kg
- Karnivore (Fleischfresser)
- Küstengebiete und flache Gewässer
- Europa, Nordafrika und Asien

- Obwohl oft als Dinosaurier bezeichnet, war der Nothosaurus tatsächlich ein Meeresreptil und gehört nicht zur Dinosaurier-Gruppe.
- Ein Meerestier, das zum Atmen an die Oberfläche kam.
- Die Form erinnert an die moderner Seeschlangen.
- Hatte viele spitze Zähne, die perfekt dafür waren, rutschige Beute wie Fische und Tintenfische zu fangen.
- Hatte einen auffallend langen Hals, der es ihm ermöglichte, Beute zu schnappen, ohne den gesamten Körper bewegen zu müssen.

ONCHOPRISTIS

Hinweis: Onchopristis ist eigentlich kein Dinosaurier, sondern ein prähistorischer Sägefisch.

- Ähnlich zu modernen Sägefischen, aber mit deutlich größeren und robusteren Zähnen
- Der rostrale Sägefortsatz des Onchopristis könnte verwendet worden sein, um im Sand nach Beute zu suchen.
- Die Zähne waren groß und stachelig.
- Hatte kräftige Knochenstrukturen, die ihm wahrscheinlich halfen, dem Druck in tiefen Wasserbereichen, standzuhalten.

Späte Kreidezeit
(vor etwa 100 bis 66 Mio. Jahren)

bis zu 8 m lang; ca. 1 t

Karnivore (Fleischfresser)

Meere und Flussmündungen

Heutige Regionen Nordafrikas

PARASAUROLOPHUS

- Bekannt für seine unverwechselbare Schädelform mit dem Knochenkamm.
- Lebte vermutlich in Herden und war in der Lage, lange Strecken zurückzulegen.
- Der Knochenkamm diente möglicherweise der Kommunikation, Temperaturregulation oder dem Geruchssinn.
- Die am besten erhaltenen Fossilien wurden im amerikanischen Bundesstaat Utah gefunden.

Späte Kreidezeit (vor ca. 259 bis 255 Mio. Jahren)

9-10 m lang; etwa 3 t

Herbivore (Pflanzenfresser)

Flussufer, Wälder und Feuchtgebiete

Nordamerika

PACHYCEPHALOSAURUS

- Der Name „Pachycephalosaurus" bedeutet „dickköpfige Echse", eine klare Anspielung auf seine auffällig dicke Schädeldecke.
- Sein großer, gewölbter Schädel konnte bis zu 25 cm dick sein.
- Vermutlich benutzte er seinen Schädel bei Kämpfen – wie z.B. im Kampf gegen Artgenossen um eine Partnerin
- Außerdem charakteristisch ist der robuste Körperbau mit starken Hinterbeinen und kleineren Vorderbeinen, wodurch der Pachycephalosaurus ein effizienter Zweibeiner war.

Späte Kreidezeit (vor etwa 68-66 Mio. Jahren)

bis zu 4,5 m lang; 450-650 kg

Herbivor (Pflanzenfresser)

Offene Landschaften

Nordamerika

PELECANIMIMUS

Frühe Kreidezeit (vor etwa 130-125 Mio. Jahren)

ca. 2 m lang; 20-40 kg

Omnivore (Allesfresser)

Flussufer und Feuchtgebiete

Europa

- Der Name „Pelecanimimus" bedeutet „Pelikan-Nachahmer" und bezieht sich auf seine Ähnlichkeit mit dem modernen Pelikan.
- Besonders auffällig sind sein extrem langer Hals und sein großer Maulbereich, der mit über 220 Zähnen besetzt ist, mehr als jeder andere bekannte Theropode hatte.
- Wurde in Spanien entdeckt und ist einer der am besten erhaltenen frühen Theropoden aus Europa.
- War vermutlich omnivor und ernährte sich sowohl von kleineren Tieren als auch von Pflanzen.

PTERANODON

- Gehört zur Gruppe der Flugsaurier (Pterosaurier), was bedeutet, dass er streng genommen kein Dinosaurier ist.
- Hatte einen Pelz aus haarähnlichen Strukturen, die ihn wahrscheinlich im Flug wärmten.
- Die Form und Größe des Kammes variierte je nach Geschlecht und Alter.
- War ein geschickter Gleit- und Segelflieger.

Späte Kreidezeit (vor etwa 86 bis 72 Mio. Jahren)

Flügelspannweite bis zu 7 m; 20-30 kg

Fischfresser

Küstenregionen und offene Meere

Nordamerika

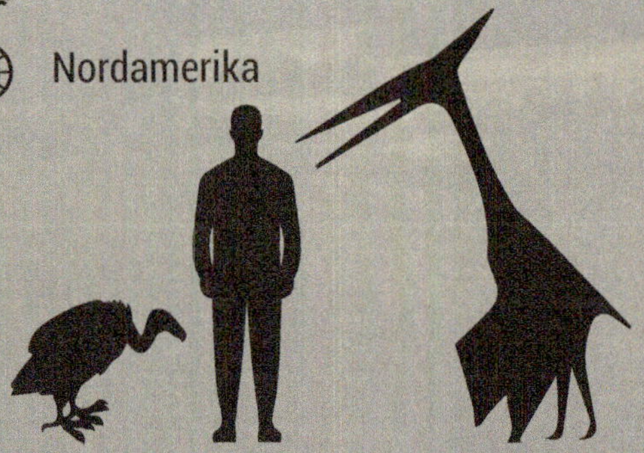

SPINOSAURUS

- Besonders charakteristisch waren die großen Rückensegel und der lange, krokodilähnliche Schädel.
- Ist der größte fleischfressende Dinosaurier, der bislang entdeckt wurde.
- Semi-aquatisch, was bedeutet, dass er sowohl an Land als auch im Wasser lebte.
- Es wird angenommen, dass er einer der dominierenden Raubtiere seiner Zeit in Nordafrika war.
- War wahrscheinlich hauptsächlich ein Fischfresser, der jedoch auch andere Tiere erbeutete.

Age Späte Kreidezeit (vor etwa 112 bis 93 Mio. Jahren)

Kg bis zu 18 m lang; bis zu 20 t

Karnivore (Fleischfresser)

Küsten- und Flussregionen

Nordafrika

STEGOSAURUS

- Bekannt für seine beeindruckenden Rückenplatten und seine vier gefährlichen Schwanzstacheln, die er zur Verteidigung gegen Raubtiere wie dem Allosaurus einsetzte.
- Trotz seiner beeindruckenden Körpergröße hatte der Stegosaurus ein sehr kleines Gehirn - etwa so groß wie eine Walnuss.
- Hatte flache, rechteckige Zähne, die sich hervorragend zum Kauen von Pflanzen eigneten.
- Nutzte die Knochenplatten für die Temperaturregulation.
- “Stegosaurus” bedeutet “Dachechse” aufgrund der großen, flachen Knochenplatten auf seinem Rücken, die an Ziegel erinnern.

Späte Jurazeit (vor ca. 155 bis 150 Mio. Jahren)

bis zu 9 m lang; 5-7 t

Herbivore (Pflanzenfresser)

Offene Wälder und Präriegebiete

Nordamerika und Europa

TRICERATOPS

- Der Name „Triceratops“ bedeutet „dreihorniges Gesicht“, abgeleitet von den griechischen Wörtern „tri“ (drei), „kera“ (Horn) und „ops“ (Gesicht).
- Ähnliche Größe wie ein Elefant, aber mit einer deutlich anderen Silhouette durch Hörner und Nackenschild.
- Hatte wahrscheinlich mehrere Fressfeinde, aber sein größter Feind war vermutlich der Tyrannosaurus rex.
- Es wird vermutet, dass Triceratops Männchen ihre Hörner in ritualisierten Kämpfen benutzten, um ihre Dominanz zu zeigen und um Weibchen zu werben.

Späte Kreidezeit
(vor etwa 68 bis 66 Mio. Jahren)

bis zu 9 m lang; ca. 12 t

Herbivore (Pflanzenfresser)

Offene Wälder, Ebenen
und Flussufer

Nordamerika

TYRANNOSAURUS REX

- Einer der berühmtesten Dinosaurier.
- Bekannt für seine beeindruckende Größe und sein furchteinflößendes Auftreten.
- War vermutlich sowohl Aasfresser als auch aktiver Jäger.
- Charakteristisch sind seine großen Zähne (bis zu 30 cm) und die kurzen Arme.
- Erstmals beschrieben im Jahr 1905.

Späte Kreidezeit (vor etwa 67 bis 65 Mio. Jahren)

12-13 m lang; bis zu 9 t

Karnivore (Fleischfresser)

Waldbereiche in subtropischem Klima

Nordamerika

VELOCIRAPTOR

- „Velociraptor" bedeutet „schneller Räuber" oder „schneller Dieb".
- Ist bekannt für seine scharfen Krallen an den Hinterbeinen, insbesondere für die verlängerte Klaue am zweiten Zeh, die er vermutlich als Waffe zum Jagen nutzte.
- Obwohl der Velociraptor in Filmen wie „Jurassic Park" oft als menschengroßer Räuber dargestellt wird, war er in Wirklichkeit deutlich kleiner.
- Hatte ein verhältnismäßig großes Gehirn, was auf Intelligenz und fortgeschrittene Sinneswahrnehmungen hindeutet.
- Die Nasenhöhlen waren ausgeprägt, was darauf hindeutet, dass der Velociraptor einen ausgeprägten Geruchssinn hatte.

Age Späte Kreidezeit (vor etwa 75-71 Millionen Jahren)

Kg ca. 2 m lang; 15 - 20 kg

Karnivore (Fleischfresser)

Wüsten und halbtrockene Gebiete

Heutige Mongolei und China

PACHYCEPHALOSAURUS
TYRANNOSAURUS REX
ARCHAEOPTERYX
BATRACHOTOMUS
ANKYLOSAURUS
PELECANIMIMUS
COMPSAGNATHUS
MAIASAURA
PARASAUROLOPHUS
TRICERATOPS
STEGOSAURUS
COELOPHYSIS
CAMPTOSAURUS
NORDAMERIKA
EUROPA
DIPLODOCUS
SOUTH DAKOTA
ANCHISAURUS
BRACHIOSAURUS
PTERANODON
ELASMOSAURUS
NORDAFRIKA
AFRIKA
EDMONTOSAURUS
ALLOSAURUS
SPINOSAURUS
DAKOTARAPTOR
SÜDAMERIKA
ONCHOPRISTIS
ABELISAURUS
ARGENTINIEN
GIGANOTOSAURUS
CARNOTAURUS
ANTARCTOSAURUS

NOTHOSAURUS
VELOCIRAPTOR
CHINA
ASIA
TANSANIA
GIRAFFATITAN

Liebe Leserin, lieber Leser,

hat Ihnen dieses Buch gefallen?

Wir freuen uns sehr über Ihr ehrliches Feedback und sind stets offen für Kritik.

Senden Sie uns gerne eine E-Mail an **info@bookshelter-books.com**

Herzliche Grüße

Ihr Book Shelter Team

Printed by Amazon Italia Logistica S.r.l.
Torrazza Piemonte (TO), Italy

53735804R00065